Verdad y mentira en política: de Maquiavelo a la posverdad

JAVIER BARDÓN AYALA

Bachelor's Thesis

[May 2022]

Universidad Francisco de Vitoria

Supervisor: Javier Redondo Rodelas

Faber & Sapiens

Verdad y mentira en política: de Maquiavelo a la posverdad

Javier Bardón Ayala

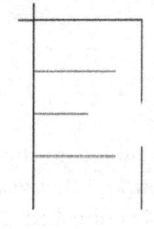

Ápeiron Ediciones

First Edition by Faber & Sapiens,
an imprint of Ápeiron Ediciones,
in 2024

© Faber & Sapiens
© Ápeiron Ediciones
C/ Príncipe de Vergara, n.º 132, planta 9
28002 Madrid
Tfno. (+34) 637 10 99 20
E-mail: info@faberandsapiens.com
http: www.faberandsapiens.com

Design and layout: Ápeiron Ediciones

ISBN: 978-84-128256-1-9
DL: M-4179-2024

Resumen

La mentira y su uso en política han sido objeto de estudio durante siglos. No obstante, emergen fenómenos, como la posverdad, que parecen dejarnos perplejos y anonadados. Nos preguntamos cuál será su origen, sus causas, sus objetivos, sus consecuencias... su razón de ser. Sin embargo, en el presente trabajo se argumenta que mediante una bibliografía retrospectiva sobre lo que es la mentira, su legitimidad en la esfera privada y pública, y sus consecuencias, se pueden establecer paralelismos entre lo clásico de la mentira y lo contemporáneo de la posverdad; concluyendo, en último término, que la democracia no resiste a la posverdad.

ABSTRACT

The investigation of lies, as well as their manipulation in political contexts, has been fascinating scholars for centuries. Nonetheless, the advent of phenomena such as post-truth has left us bewildered and perplexed. Numerous questions arise over its roots, driving forces, objectives, consequences, and its very essence. This paper posits that by delving into a retrospective analysis of the nature of lies, their legitimacy in private and public spheres, and their repercussions, connections can be drawn between the traditional concept of lies and the contemporary notion of post-truth. In conclusion, it asserts that democracy is not impervious to the challenges posed by post-truth.

Índice

INTRODUCCIÓN

1. Objetivo y marco teórico

Vivimos en una época dominada por la lógica de la vertiginosa velocidad de cambio, presente en fenómenos como el poshumanismo, la Industria 4.0, el auge de los populismos, etc. En todos ellos encontramos elementos o cuestiones que se mantienen. Si es la mentira en política, más concretamente la posverdad, un elemento permanente o un producto de la idiosincrasia de nuestro tiempo será el objeto de nuestro análisis. Nuestro objetivo es comprobar en qué medida es la posverdad una novedad o la metamorfosis de un fenómeno sobre el que ya se ha dicho mucho.

Para ello realizaremos un recorrido bibliográfico que pasa por autores como Aristóteles, pero se detiene extensamente en los siguientes autores clásicos de la filosofía política, a los cuales presentaremos no por orden cronológico sino según su relación con nuestro orden explicativo; más adelante tendremos en cuenta sus contextos para una correcta comprensión.

A modo de introducción al tema *Verdad y mentira en política: de Maquiavelo a la posverdad*, desarrollaremos los dos pilares del trabajo: la política, refiriéndonos a la concepción aristotélica del ser humano como ser social, y la verdad, aludiendo a la concepción tomista de la verdad tan ampliamente aceptada y a ideas que nos aportan autores más contemporáneas como Keynes o clásicos con Hannah Arendt y la distinción que nos brinda entre verdad de hecho y de razón, adoptada por otros tantos autores.

Adentrándonos más en el tema, y partiendo de la premisa de que se da una especial relación entre política y mentira hablaremos de la segunda desde una perspectiva filosófica refiriéndonos a la misma autora, con su concepción del error y la mentira; y al debate entre Kant y Constant, expuesto en "¿Hay derecho a mentir?"[1], en el que se da una defensa a ultranza de la veridicción (*purismo incondicionado*), por el primero, y un repliegue a los derechos del otro en el francés. Y tras ver la cuestión moral en la mentira veremos como de legítima es. Primero con Maquiavelo, quien poniéndose en la piel de "El príncipe"[2] hace del mantenimiento del poder la vara de medir. Profundizaremos en el concepto de opinión como contrapuesto a la verdad de razón y como base para diferenciar las democracias de los regímenes autoritarios, en la línea desarrollada por Arendt.

Al hilo del nexo entre opinión y democracia veremos el valor de la libertad de expresión con Milton y su "Aeropagítica"[3]; pasando también por Kant y autores no tan clásicos como Mario Bunge. En contraposición analizaremos como los autoritarismos hacen un uso manifiesto de la mentira refiriéndonos, además de a la alemana, a Alexandre Koyre.

El último capítulo se saldrá de la tradición bibliográfica para abordar la cuestión de la posverdad haciendo hincapié en el estudio que hace Darío Villanueva del fenómeno estableciendo tres vectores interpretativos. Acudiremos también en este punto a una extensa bibliografía que, por el tema escogido, es no académica.

---

[1] Kant, I. y Constant, B. (2021). *¿Hay derecho a mentir? La polémica Immanuel Kant-Benjamin Constant sobre la existencia de un deber incondicional de decir la verdad*. Tecnos.
[2] Maquiavelo, N. (2012). *El príncipe: (Comentado por Napoleón Bonaparte)*. Austral
[3] Milton, J. (2020). *Aeropagítica*. Universidad Nacional Autónoma de México.

2. Estado de la cuestión y metodología

La metodología empleada en el presente trabajo se basa en la lectura de fuentes primarias acompañada por fuentes secundarias o especializadas que nos facilitarán una correcta comprensión.

A lo largo del análisis que nos ocupa veremos, sobre lo dicho en referencia a la mentira en política, que se puede adaptar, y que no, a la posverdad. Nos encontraremos con autores que afirman que la posverdad no es más que la mentira de toda la vida; pues tan solo incorpora lo novedoso de nuestras sociedades, adaptándose a su tiempo. En este sentido lo dicho por Maquiavelo, por ejemplo, nos resultaría útil pues la mentira se habría adaptado, pero no habría cambiado. Sin embargo, también encontramos autores, como Darío Villanueva, que ven en la posverdad una serie de elemento novedosos, como el emotivismo. Si bien es cierto que aquellos que encuentran una brecha entre fenómenos reconocen un sustrato común que nos permitirá realizar un análisis comparativo como el que se pretende.

3. Concepción de política y verdad

Para dar unos cimientos, a continuación, abordaremos las dos cuestiones centrales: la política y la verdad, sin lo cual no se puede hablar de *verdad y mentira en política: de Maquiavelo a la posverdad*.

Los seres humanos viven juntos, en sociedad, creando relaciones que son materialmente distintas y formalmente universales. Esta relación con el otro no es como aquella con lo infrahumano, de posesión y de dominio, sino que es de encuentro. Esto es, según el Dr. Ángel Sánchez-Palencia Martí (2019), *"una forma eminente de relación según la cual los actores sociales verifican un intercambio de posibilidades de ser con sentido y crean unidad"*. Lo característico es, por tanto, el intercambio de posibilidad de ser, la apertura constitutiva al otro. Y cuanto mayor sea ese intercambio, es decir, cuan más amplio y complejo sea, mayor será la plenitud que nos retorne. Debe tenerse en cuenta que los fines humanos vienen dados por nuestra dimensión inmaterial, que nos dota de un valor intrínseco, y que, por su naturaleza, tiende a fines ilimitados; por lo tanto, lo material nos es insuficiente pues es naturalmente limitado, viéndonos necesitados de la relación con el otro para la aspiración y consecución de nuestros fines. La sociedad se nos presenta, por tanto, como una necesidad previa al pacto social; que consideramos una mera formalización[4]. Defendemos que la política es la actividad que más perfecciona al ser humano en un doble sentido. En primer lugar, la política engloba al resto de relaciones que pueden darse dentro de una sociedad (familias, empresas, universidades, etc.), con todas sus complejidades, siendo, en consecuencia, la más amplia y compleja. Y, en segundo lugar,

---

[4] Aunque esta no sea la opinión generalizada. *"Hoy en día vemos la política, por lo general, como un mal necesario, no como un rasgo esencial de la vida humana. Cuando pensamos en la política pensamos en compromisos, actuaciones de cara a la galería, intereses especiales, corrupción. Incluso el uso idealista de la política -como instrumento de la justicia social, como forma de hacer del mundo un lugar mejor- convierte a la política en un medio para un fin, una vocación entre otras, no en un aspecto esencial del bien humano."* (Sandel, 2020, p. 221).

al integrar distintas racionalidades, es la más perfecta pues la pluralidad de actitudes, capacidades, etc. suponen una riqueza que suma en orden a la aspiración y consecución de los fines humanos. Para dicha integración de racionalidades es necesario un hacer único en la especie humana: la facultad del lenguaje. Aristóteles la considera fundamento suficiente para afirmar que el ser humano está concebido en un grado superior para la asociación política que otros animales gregarios (como se citó en Sandel, 2020). La política se nos presenta por tanto como una necesidad humana que le retorna altos niveles de plenitud; pero la forma de gobierno que debe tener una determinada comunidad se sale del ámbito de la antropología. Los filósofos se plantean la pregunta del *para qué* de la política, dándole, a lo largo de la historia, distintas respuestas que dan lugar a distintas formas de gobierno. Así, mientras que Aristóteles vincula las polis con lo bueno, Maquiavelo (2012) relaciona el poder de "El príncipe" con el mantenimiento del propio poder.

Pero la *posverdad* dice ser un fenómeno del siglo XXI[5], por lo que será nuestro tiempo el que nos ocupe principalmente. Parece que en el siglo XXI se han adoptado los preceptos de Maquiavelo. Aunque el análisis de una sociedad tan cambiante como la nuestra excede el objeto de nuestro trabajo, nuestro objetivo inmediato es plantear los corrientes filosóficas o científicas dominantes, que afectan a la política. Cuando pensamos en la cultura de nuestra época una de las primeras palabras que se nos viene a la cabeza es "posmodernidad", aceptada como rubro de nuestro tiempo desde el último tercio del siglo XX (Villanueva, 2021). Este concepto vendría a representar la destrucción de todo el legado de la modernidad, lo que nos dejaron los pensadores del Siglo de las Luces. Ubicamos su origen en Nietzsche: "*se convirtió en el gran debelador de aquel legado, y en el pensador más influyente hasta hoy en quienes han sostenido y propagado el programa deconstructivo característico de la posmodernidad*" (p. 256). El prefijo *pos-* hace referencia a después de-, al rebasamiento de algo (que no su contradicción); por lo tanto,

---

[5] Como demostración baste fijarse, de momento, en el prefijo *pos-*.

hablando de la modernidad nos acercamos a las bases de nuestro pensamiento. J. A. Agejas Esteban (2004) considera que la modernidad *"es el proceso histórico nacido en Occidente en los albores del Renacimiento, que se desarrolla paulatinamente a través de las corrientes de pensamiento empirista, racionalista e iluminista, y que desemboca en el nacimiento de las ideologías decimonónicas"* (p.165). Así, el *"godfather of Post-truth"*[6], la posmodernidad según McIntyre (2020), es una renuncia a toda verdad u objetividad que pretenda establecerse (él la asocia, especialmente, con la *deconstrucción literaria* de Jacques Derrida, según la cual no se puede saber lo que un autor quiere decir en su obra). Y avanzando un poco más en la evolución del pensamiento contemporáneo hay quien considera, como Rosa María Rodríguez Magda, que la posmodernidad está superada; ella habla de la *transmodernidad,* que no se caracteriza *"por el agotamiento de los grandes relatos (ideologías, construcciones filosóficas, religiones incluso) sino por la victoria de uno de ellos, hasta cierto punto novedoso: la globalización"* (como se citó en Villanueva, 2021, p. 165). Consideramos que el triunfo de la globalización no es certero aún, pero este es, sin duda, otro fenómeno dominante en el siglo XXI.

La globalización[7] es el desplazamiento de las cadenas de valor, deslocalizadas según criterios de eficiencia (Fanjul, 2020) mediante una liberalización de los bienes, los servicios, la tecnología, el trabajo y el capital (Fernández Peychaux, 2022). Es un término que establece la disciplina económica de un fenómeno que en principio le es propio pero que, en su desarrollo, va afectando a otros ámbitos como, por ejemplo, la demografía, dando lugar a una interconexión global que no habría sido posible sin las nuevas tecnologías y el orden liberal, al cual nos volveremos a referir ligeramente.

En resumen, volviendo a la cuestión del para qué de la política, se nos plantea un mundo que no se hace dicha pregunta, trayéndonos el

---

[6] En español: "el padrino de la posverdad"

[7] Se pueden establecer varias globalizaciones a lo largo de la historia; es un fenómeno relativamente recurrente. Ejemplo: la que se da a partir de la imprenta.

concepto de *antipolítica*; del cual basta saber de momento que actúa en base a criterios de rentabilidad, eficiencia, rendimiento y otros que desarrollaremos en capítulos posteriores. La ausencia de grandes relatos tiene, como veremos a continuación, un trascendental impacto sobre la verdad.

Uno de los versículos más citados de la Biblia es Juan 14:6 (Biblia de Jerusalén, 1999), en el que Jesús proclama: *"Yo soy el camino, y la verdad, y la vida"*. Y no es casualidad que este versículo tenga un gran impacto pues *"sentimos de algún modo que la verdad no es una mera propiedad abstracta de las proposiciones, sino algo esencial para vivir bien"* (Baggini, 2018, p. 11). De hecho, siguiendo con la Biblia, dice Juan *"la verdad os hará libres"* (Biblia de Jerusalén, 1999, 8:32). Es decir, la promesa de la verdad nos resulta muy atractiva. Esto lo expresa Hannah Arendt (2018) como sigue: *"aunque podamos rechazar preguntar si la vida es digna de ser vivida en un mundo privado de nociones como las de justicia y libertad, es imposible hacer lo mismo con respecto a la idea de verdad, idea que en apariencia tiene un carácter mucho menos político"* (p. 18)

Sin embargo, la concepción que niega la existencia de toda verdad objetiva (relacionando el conocimiento con constructos sociales) o que afirma que existen tantas verdades como sujetos, que existen "mi" verdad y "tu" verdad; está ampliamente extendida. Ortega habla en "La rebelión de las masas" de aquellos que aprueban esta visión, refiriéndose a la Europa de los fascismos y sindicalismos, así: *"un tipo de hombre que no quiere dar razones ni quiere tener razón, sino que, sencillamente, se muestra resuelto a imponer sus opiniones [...] quiere opinar"* (como se citó en Redondo, 2018). Afirmación que sigue teniendo sentido bajo la posmodernidad que, según Keynes, tiene como uno de sus principales objetivos *"to undermine or deconstruct the very notion of objective truth"*[8] (como se citó en Villanueva, 2021, p. 170).

Pero ¿tiene sentido afirmar tal cosa sobre la verdad? Para responder tenemos que plantearnos una pregunta previa: ¿qué es la verdad?

---

[8] En español: "infravalorar o deconstruir la propia noción de verdad objetiva".

Emplearemos la definición aportada por Santo Tomás en el artículo primero de la primera cuestión de su obra "Acerca de la verdad (*De Veritate*)": "*la verdad es la adecuación de la cosa y el entendimiento*" (como se citó en Llano, 2011, p. 25). Esta se nos aparece como largamente aceptada por la tradición filosófica, y como la más conveniente por dos motivos: se ordena conforme a lo que es la verdad en si misma, la consecución de esa conformidad, expresando "*formalmente la realización de lo verdadero*"; y es extensible a "*todos los sentidos que puede tener la verdad*" (A. Llano, 2011, p. 26). "*La verdad es la adecuación de la cosa y el entendimiento*"

Atendiendo a la definición de Santo Tomás vemos que la verdad es una adecuación, no dice "cualquier adecuación" sino "la" adecuación, es decir, aquella en la cual el intelecto es completa y absolutamente fidedigno a la cosa. Se entiende que dos personas pueden darle importancia a aspectos distintos de la cosa, en cuyo caso no estaríamos ante dos versiones de la verdad sino ante dos verdades parciales, en todo caso no ante la verdad pero sí ante una adecuación. Esta defensa se mantiene desde la filosofía griega, pasando por pensadores hebraicos (Isaac Israeli ben Solomon), musulmanes (Avicena), convirtiéndose en la escolástica de Tomás de Aquino y en el imperativo categórico de Kant; sin embargo, esta continuidad, de la Antigua Grecia al Siglo de las Luces, se rompe con Nietzsche (Villanueva, 2021), que ejerce una influencia fundamental en el pensamiento relativista. Considera (en un ensayo "Sobre la verdad y la mentira en sentido extramoral") que la verdad es un concepto funcional; es decir, la concepción de verdad y mentira vigentes en un determinado momento son el resultado de un pacto entre individuos según lo acordado por "*el poder legislativo del lenguaje*" (como se citó en Villanueva, 2021, p. 171). Y dice en "Así habló Zaratustra", tras preguntarse qué es la verdad: "*una hueste en movimiento de metáforas, [...] una suma de relaciones humanas que han sido realzadas [...] y que [...] un pueblo considera firmes [...]; las verdades son [...] monedas que han perdido su troquelado y no son ahora ya consideradas como monedas, sino como metal*" (como se citó en Villanueva, 2021, p.

173). La última metáfora señala la pérdida de valor de la verdad; pero no su inexistencia. Es decir, Nietzsche se limita a constatar el inicio de un pensamiento presente en la sociedad hasta nuestros días, que es la falta de fundamento en la verdad. Además, cabe recordar que cuando nos anunciaba la muerte de Dios, que va unida a la falta de verdad, valores... y trascendencia, nos decía que este evento era trágico en cuanto que conduciría a un nihilismo desconsolador, lleno de angustia por la falta de fundamento, de valores, de trascendencia. Cabe preguntarse si estamos ahí, y todo parece apuntar a que sí.

Defendemos[9] pues que existe la verdad, sustantiva e indudable; cuestiones aparte son si somos capaces de conocerla y, si la respuesta a la primera es afirmativa, si la conocemos[10]. Y, para nuestra tranquilidad, Kant no fue el último que estableció, en mayor o menor medida, una correspondencia entre la realidad y el intelecto. Ha habido muchos pensadores contemporáneos que, habiendo conocido la posmodernidad, se han posicionado contra su consideración relativista de la verdad. Por ejemplo, Mario Bunge, quien en 1985 se opone al poshumanismo y el posmodernismo defendiendo que necesitamos ampliar y defender lo racional y el realismo si queremos preservar nuestra humanidad (y los frutos de la modernidad) (Villanueva, 2021, p. 174).

De hecho, ya en 1985 Bunge dice que los políticos son *"maestros en el arte de mentir, [...] no triunfan por el tamaño de sus mentiras, sino por su habilidad para hacerlas pasar por verdades"* (como se citó en Villanueva, 2021, p. 174). Se acerca así mucho a la *posverdad*, neologismo creado por Steve Tesich en un artículo de 1992 publicado por *The Nation* titulado "A government of Lies" (Villanueva, 2021, p. 166). La RAE (2021) nos dice que la posverdad es la *"distorsión deliberada de una realidad, que manipula creencias y emociones con el fin de influir en*

---

[9] Como hacía Aristóteles al cargar con aquellos que niegan la existencia de una verdad objetivo o que afirman que existen tantas verdades como sujetos cuando decía: *"Falso es, en efecto, decir que lo que es, no es, y que lo que no es, es; verdadero, que lo que es, es, y que lo que no es, no es"* (como se citó en Villanueva, 2021, p. 171)

[10] Una suerte de intelecto agente podría conocer la verdad, en su totalidad.

la opinión pública y en actitudes sociales" (definición 1). Esta definición nos indica ya, entre otras cosas, que la sociedad es emotivista; pero por no alargarnos en esta introducción hablaremos más delante de dicho emotivismo y de muchos otros fenómenos con los que la posverdad se relaciona.

Añadiremos ahora a la concepción tomista una división entre la verdad de razón y de hecho[11] que nos permitirá cerrar el análisis epistemológico. Las primeras son aquellas que se caracterizan por ser razonamientos de la mente humana, a los que teóricamente siempre podríamos volver a llegar, y Leibniz dice que son las "*verdades matemáticas, científicas y filosóficas*" (Arendt, 2018, p. 21)[12]. Mientras que las segundas son las contingentes y son mucho más vulnerables, pues están basadas en hechos y acontecimientos que pueden ser borrados de los libros de historia[13], por ejemplo. En relación con este problema está que la verdad filosófica (que decíamos que es de razón) se pueda convertir en verdad de hecho, con todo lo que ello implica. Podemos verlo en la vida y muerte de Sócrates; puesto que, si bien permite su propia muerte para sentar ejemplo, alguien podría darle otra interpretación y transmitirla como si fuese veraz. En definitiva, los hechos, a diferencia de las verdades racionales y la mentira, siempre podrían haber ocurrido de otra manera, son más propensos a la falsabilidad. Además, es imposible basarse únicamente en los hechos para hacer historia. Siempre se da una interpretación de estos que no impide establecer verdades, pero si camuflar detalles, y que es totalmente necesaria pues los hechos por si solos dicen poco. Es decir, a partir de la información que se recibe, se construye una opinión, hablaremos más profundamente de esta al tratar la relación entre verdad y política. (Arendt, 2018).

---

[11] Nosotros la sacamos de H. Arendt (2018), pero está presente en otros muchos autores como Gottfried Leibniz o Mario Bunge.

[12] Existe aquí una preconsideración referente a la filosofía de la ciencia que se sale de nuestro ámbito de estudio, pero sería interesante abordar.

[13] Véase la historia de Trotski aportada por Arendt (2018, p. 22)

CAPÍTULO 1.

VERDAD Y MENTIRA EN POLÍTICA

Existe una concepción social generalizada según la cual política y verdad no se entienden. Amador Fernández-Savater (2022) dice: "*El político miente incluso cuando dice la verdad. La mentira es una estrategia de conquista. ¿De qué? Del poder*".

1. La mentira: sobre la intención

Teniendo ya una idea de lo que es la verdad, vamos a preguntarnos antes por lo que parece su opuesto, la mentira. En un primer acercamiento la mentira es lo contrario a la verdad, pero ¿todo aquello que no es verdad es mentira?

Hannah Arendt (2018), con respecto a su verdad de razón y verdad de hecho nos decía que en la primera cabe el error y la ignorancia, pero en la segunda no, ahí se da la llana mentira. Entendemos, en consecuencia, que la mentira no es la ausencia de adecuación por falta de capacidad (ej.: un físico que comunica unos cálculos que ha hecho mal por no saber aplicar una fórmula); sino que es, ante una realidad (verdad de hecho) que se nos muestra más o menos evidente, tomar la decisión de comunicar algo distinto a aquello que se percibe o se sabe. Cabe tener en cuenta también la diferencia que hace, que retomaremos más adelante, entre la mentira que se da en la esfera privada y la que se da en la esfera pública ("*mentira organizada*" [p. 58]).

Pero ¿es necesario tomar una decisión? Somos libres para decir la verdad o la mentira pues sino no podría plantearse una actitud inmoral al respecto, pero ¿es siempre un acto consciente? Un tipo de mentira que parece suponer una excepción a las preguntas planteadas es el autoengaño. Nunca iría el ser humano contra su propio interés, que parece la verdad; pero que sin embargo es, en mayor medida, la felicidad. No cabe duda de que van de la mano, aunque bajo ese paraguas que es la felicidad podemos querer el autoengaño en cuanto que nos reafirmaría en nuestra concepción de nuestra existencia y del mundo. Pero nunca lo hacemos a propósito, al no querer vivir en el error. Por tanto, se puede afirmar que el autoengaño es un proceso del subconsciente que nos hace tener por ciertas cosas que no lo son, como un mecanismo de autodefensa. Preferimos estar en el error que ser conscientes de que lo estamos y corregirlo; y, además, quien nos diga que estamos equivocados será un déspota para nosotros.

Frente al autoengaño que se da en y con nosotros mismos, la mentira es siempre comunicada a una tercera persona; lo cual implica, para H. Arendt (2018), que el prejuicio moral actúe con dureza ante la mentira y con debilidad ante el autoengaño. Imaginemos dos casos para profundizar en la cuestión. En primer lugar, cuando uno tiene falta de conocimiento sobre un hecho (lo ha visto a lo lejos pongamos) y al ser preguntado al respecto inventa todo el contexto que da sentido a lo que consiguió ver con certeza. Esto parece como el error que se da con las verdades de razón, pero no lo es. La verdad sería reconocer que no se vio con detalle lo sucedido ("lo conseguí ver bien cuando ya estaba en el suelo, no sé si le han tirado o se ha caído"); y decir cualquier otra cosa sería mentir. Aunque utilizaremos aquí un término que antes hemos criticado: "mi" verdad[14]. Asumiendo que el ser humano no es conocedor de toda la verdad y que tiene capacidad de habla, no podemos

---

[14] Del uso del término no se puede extraer la ausencia de verdades pues, precisamente, lo usamos reconociendo que existe la verdad pero que no somos capaces de abarcarla en su totalidad.

decirle al otro, además de constantes "no lo sé" (probablemente lo más verídico), más que medias verdades (o, como las hemos denominado antes, verdades parciales).

En segundo lugar, imaginemos que se ha recibido una información intencionalmente falsa (una mentira) y, sin saber que lo es, la comunicamos como verdadera. ¿Se estaría mintiendo? En este caso creemos que lo recibido participa de la verdad, por la autoridad de la persona que nos lo dijo, por ejemplo, y por eso lo comunicamos como tal. La mente humana parece funcionar como el principio de falsabilidad en el que se basa el progreso científico en este sentido; se dice "todo lo que sé es cierto hasta que se demuestre lo contrario". En definitiva, si no se sabe que lo que se dice es falso, no se está mintiendo, pues no hay una verdad conocida a la que contraponer una mentira; en todo caso se estaría incurriendo en un error. Aunque, ¿tiene la obligación moral la persona de comprobar si una información es cierta antes de comunicarla? No. Quien actúa aquí inmoralmente es el primero, el que miente; si bien es cierto que el transmisor del mensaje erróneo en ocasiones tiene esa obligación por tener una profesión con una relación superior con la verdad (ejemplo: el médico que no se cerciora de que el medicamento que suministra tiene pocos efectos secundarios estaría actuando inmoralmente).

Definimos la mentira, reafirmándonos, como la comunicación de algo distinto a lo que se sabe que es verdad. Es decir, debe mediar una toma de decisión. En este sentido Gabriel Albac escribe: *"Uno dice a otro: "miento". Y enuncia lo imposible. Así nació la filosofía en Grecia [...]: en la enunciación de aquello que, al ser dicho, se aniquila. [...] Y la filosofía no es, como soñará todo idealismo, disciplina de la verdad, sino meditación en la paradoja constituyente del mentir: lengua de la inmanencia"* (Kant y Constant, 2021, Estudio preliminar, p. 9). Esta definición se contrapone a la que hacen los juristas, que añaden el perjuicio generado en el otro sujeto (*mendacium est falsiloquium in praeiudicium alterius*[15] (Kant y Constant, 2021, p. 75).

Antes de adentrarnos en la cuestión moral cabría preguntarse qué papel juega en este tema la sinceridad. Y la respuesta es clara, ninguno. La sinceridad es una categoría muy ambigua en cuanto que, si se toma como garantía frente a la mentira, se está, en el fondo, creando "la coartada perfecta para eludir el coste moral de la mentira" (Kant y Constant, 2021, p. 12).

---

[15] En español: "una mentira es una afirmación falsa en perjuicio de otro".

2. La mentira: sobre la moralidad y legitimidad

Nos preguntamos por una de las cuestiones fundamentales del estudio que nos ocupa, ¿hay derecho a mentir? Remontándonos en la historia de la filosofía de la verdad nos encontramos con la *aletheia* griega; que no es la verbalización de la verdad, sino la exigencia de verdad con uno mismo. Frente a esta posición se haya la concepción católica, para la cual la veracidad, la verbalización de la verdad, es elevada a la condición de fundamento único de la moral. Esta idea tiene su primer precedente en San Agustín: *mentiri nunquam licet*[16] (como se citó en Kant y Constant, 2021, p. 15), que es el axioma religioso del católico ante Dios. Este absolutismo incondicionado de la sinceridad se ha venido a llamar *purismo incondicionado*, y es también defendido por Kant, pero llevado al límite. Veamos como lo aplica el prusiano.

"¿Hay derecho a mentir?"[17] es una obra que recoge un debate entre Constant y Kant en 1797, cuando el primero era un joven filósofo francés que buscaba atención y el segundo un más que consagrado filósofo. Constant provoca a Kant poniendo en su boca algo que él dice no haber pronunciado ni escrito nunca que es *"que la mentira dicha a un asesino que nos preguntase si un amigo nuestro perseguido por él no se refugia en nuestra casa sería un crimen"* (p. 69); pero que acepta como suyo porque considera que expresa perfectamente la ley de la razón práctica: *"obra de tal modo que la máxima de tu voluntad pueda valer siempre, al mismo tiempo, como principio de una legislación universal"* (p. 69). Debe observarse que Kant no se sitúa en el campo de la moral sino en el del derecho, *"allí donde la ausencia de veracidad hace imposible la validación de los contratos"* (p. 73). Constant argumenta que decir la verdad es solo un deber siempre que sea ante alguien que debe tener derecho a esa verdad. Es decir, *"un deber es aquello que corresponde en un ser a los derechos*

---

[16] En español: "nunca se permite mentir".

[17] Kant, I. y Constant, B. (2021). *¿Hay derecho a mentir? La polémica Immanuel Kant-Benjamin Constant sobre la existencia de un deber incondicional de decir la verdad.* Tecnos.

del otro" (pp. 21-22). Derecho y deber son por tanto conceptos inseparables. Kant ve dos problemas aquí: 1) refutación léxica en cuanto que "tener derecho a la verdad" no tiene sentido, se debería decir que el hombre *"tiene derecho a su propia veracidad, esto es a la verdad subjetiva de la persona"* (p. 74); y 2) que considera que al mentir se produce una injusticia. Es decir, si se dice la verdad en el caso propuesto por Constant se perjudica a una persona, la que busca el asesino. En cambio, si se miente puede salir perdiendo incluso toda la humanidad según la concepción kantiana de la historia que, bajo el manto de la doctrina teológica, se sitúa en el campo de *"la inviolabilidad de la ley como principio fundante de la humanidad"* (p. 74). En definitiva, considera Kant que *"la mentira aniquila la dignidad de la persona"* (p. 17)[18]. Aún asumiendo que en el caso propuesto se nos está obligando a hablar, Kant considera que la veracidad es un deber moral incondicional que está *"en la consciencia de mi existencia"* (p. 53); pero siempre la veracidad, no la verdad. Se puede decir, sobre todo porque se estaría siendo obligado a hablar, una afirmación cierta pero engañosa. Esto nos lleva a la mentira piadosa, la cual tanto Constant como Kant ven permisible. El prusiano la admite siempre y cuando esta no sea una excepción a la ley moral pues si fuese así amenazaría al imperativo categórico (Sandel, 2020); y para ello tiene que ser una afirmación cierta pero engañosa, es decir, un enunciado parcialmente verídico.

Para terminar la cuestión de la mentira volvamos a Nietzsche, quien decíamos que ha hecho una aportación incalculable a la actual concep-

---

[18] A lo que Jankélévitch le responde, con mucho criterio consideramos: *"¿es inmoral mentir para preservar algo más importante, algo en lo que se juega la dignidad básica del humano?"* (como se citó en Kant y Constant, 2021, p. 17). Sigue más adelante: *"perseverar en el ser, es la condición elemental y mínima sin la cual todo lo demás queda caduco e ineficaz"*. Y reafirmando lo dicho por Constant, probablemente por la cercanía de vivencias (uno con el Terror posrevolucionario y otro con el nacismo), dice: *"es decir la verdad responder: no hay nadie, cuando hay alguien, pues es el más sagrado de los deberes [...] esa verdad que se les pretende decir no se hizo para ellos"* (como se citó en Kant y Constant, 2021, p. 20)

ción que niega la existencia de la verdad o, lo que es lo mismo, defiende las verdades personales. Siguiendo con lo que nos decía de la verdad como un concepto funcional, se produce un rechazo a la mentira porque esta nos genera una serie de consecuencias perniciosas; mientras que la verdad nos es útil, genera *"consecuencias agradables"* (Villanueva, 2021, p. 171).

Consideramos que la mentira no es lo opuesto a la verdad, sino a lo que se sabe; la mentira piadosa es completamente permisible; que Constant tiene razón en su defensa de la vida, de la dignidad básica del humano, por encima de la verdad; y que Kant se equivoca al menospreciar las consecuencias de su imperativo categórico, pues ante el hipotético caso en el que toda la humanidad estuviese en la situación, o bien del que es preguntado, o bien del que se esconde, el imperativo moral de decir siempre la verdad perdería sentido en cuanto que, con su repetición categórica, la humanidad entera acabaría asesinada.

La mentira tiene una especial relación con la política. H. Arendt empieza su ensayo "Verdad y mentira en política"[19] diciendo: *"nadie, que yo sepa, ha colocado la veracidad entre las virtudes políticas"* (p. 15). Lo considera inevitable en cuanto que el desarrollo de la política se da con hechos que, recordemos, siempre podrían haber ocurrido de otra manera, dejando una ventana de oportunidad para la mentira organizada que, decíamos es la que funciona en la esfera pública.

Pero esta mala relación entre verdad y política no es nueva, H. Arendt dice *"nadie lo ha dudado jamás"* (pag.15), si bien es cierto que también afirma que *"ninguna época anterior toleró tantas opiniones diversas"* en cuestiones de calado (p. 29). Y considera que el conflicto entre política y verdad surgió del conflicto entre dos modelos de vida: el del filósofo, tal como lo interpretan Parménides y Platón; y la vida de los ciudadanos. Así, mientras que los filósofos se centran en la verdad permanente, la sociedad tiene una opinión cambiante, generada en parte por lo dicho por los filósofos, pero, sobre todo, basada en los hechos.

---

[19] Arendt, H. (2018). *Verdad y mentira en la política*. Página Indómita.

Téngase en cuenta además que Aristóteles nos advertía ya del peligro de permitir que los filósofos se entrometieran en asuntos políticos pues no se debe aplicar la moral individual al grupo. Así la mentira se nos aparece como una herramienta para los políticos y demagogos; pues *"desde el punto de vista de la política la verdad tiene un carácter despótico"* (p. 39); es decir, aquel político que crea conocer la verdad válida para todos los ciudadanos puede llegar a ser un verdadero déspota. A las tiranías de la verdad que se imponen sin violencia las conocemos como utopías políticas y su existencia es poco probable. Si se diesen sería una victoria pírrica pues el acuerdo de la mayoría podría cambiar al día siguiente. En definitiva, como nos dijo James Madison: *"todos los gobiernos descansan en la opinión"* (como se citó en Arendt, 2018, p. 26); es decir, necesitan el apoyo de los que piensan igual, incluso el más déspota. Por lo tanto, afirmamos que entre los prerrequisitos del poder no está la verdad sino la opinión; lo cual tiene un gran alcance con respecto a la verdad pues *"implica pasar del hombre, en singular, hacia los hombres"* (p. 29).

Estas afirmaciones son relativamente contemporáneas (nos separa un siglo de Hannah Arendt). Remontémonos en el tiempo y veamos que nos aporta Maquiavelo (2012) sobre la legitimidad del mentir en política. Recordemos que él establece el mantenimiento del poder como la máxima, lo cual hace que la mentira, la violencia... todo, pueda ser legítimo. Sin embargo, no lo es si deja de servirle a "El príncipe"[20] para mantener su poder. Es decir, habrá momentos en los que el príncipe necesitará mentir; pero debe tener cuidado, nos dice Maquiavelo en un ejercicio de realismo, pues si sus súbditos se enteran podrá ser su fin. La mentira es, por tanto, a su ver, un arma política legítima pero que debe ser empleada en las ocasiones justas y necesarias.

---

[20] Maquiavelo, N. (2012). *El príncipe: (Comentado por Napoleón Bonaparte)*. Austral

3. Democracia y autoritarismo: opinión y falsa-certeza

Nuestras democracias representativas se basan en el debate que es construido a partir de opiniones generadas por nuestro conocimiento de los hechos; de tal manera que toda opinión que se ajuste, más o menos, a los hechos es aceptada dentro de ese debate. Esto no implica la aceptación de una verdad factual pues ello supondría el fin del debate. En relación con esta adecuación entre opinión y hecho, y en su relación con el debate como sustrato de la democracia, se da la defensa de la información verídica que propondremos. Cuando decíamos que política y mentira son inseparables nos referíamos, en relación con la democracia, a que los políticos presentan determinados hechos, obviando otros, para generar una opinión determinada. En un contexto en el que la verdad factual tiene una guerra con la política de hoy y de ayer[21] a gran escala, toda verdad factual incómoda se transforma en opinión, como la caída de Francia ante el ejército nazi en 1940[22]. Se da un antagonismo entre verdad y opinión que nos hace olvidarnos de la mentira cuando, como ya se ha dicho, los hechos dan forma a las opiniones y, las opiniones, inspiradas por las pasiones y otros estímulos, pueden divergir ampliamente pero aun así ser legítimas mientras respeten la verdad factual; es decir, no debería existir tal antagonismo que tan presente está entre verdad factual y opinión. En este contexto el narrador de la verdad factual está en una situación muy complicada pues la verdad de hecho depende de la persona que la cuenta, es decir, de qué, cuándo y cómo se cuente; y si no genera confianza, si el testigo no la inspira, se opta por una verdad mayoritaria. Lo cual se suele dar, pues es complicado que se establezca una confianza absoluta (Arendt, 2018). Es, por

---

[21] H. Arendt (2018) ya lo reconoce en la suya.
[22] La realidad histórica, que intenta basarse en los hechos, siempre se deforma con la subjetividad del que lo está contando, irremediablemente. Pero esto no significa que no existan los hechos; es decir, se dan pequeñas variaciones, pero nunca nadie afirmaría que España conquistó Alemania durante la 1ª Guerra Mundial. (Arendt, 2018, p. 37)

tanto, una exigencia para el mantenimiento de las democracias que se garantice la información objetiva para poder opinar sin incurrir en una falsedad. Suficiente influye en la realidad ya nuestra percepción de esta, bajo el efecto de fenómenos que desarrollaremos más adelante, como para añadir otros factores que ejercen una influencia importante sobre nuestras opiniones. Además, nuestras democracias, particularmente, se enorgullecen de sus valores, entre los cuales figura la libertad de expresión, que no es real si no se garantiza una información objetiva; lo cual solo se puede conseguir si el periodismo ejerciese un papel de "*crear, procesar, ordenar y difundir*" (Redondo, 2022) los hechos. El periodismo ha abandonado este papel que históricamente le correspondía y solía asumir, dando lugar a aquella verdad mayoritaria que puede ser verosímil pero no verídica. Para no caer en dicha falsa verdad, nos dice Bunge, "*la sociedad precisa de un módico de confianza en que la mayor parte de la información que recibe es fidedigna*" (como se citó en Villanueva, 2021, p. 173). Además, nos dice Kant que la libertad de expresión, de opinión, está directamente ligada con la posibilidad de pensar libremente; si nos quitan o merman la primera, ya sea a nosotros o a nuestros conciudadanos, la segunda se ve afectada (Arendt, 2018). Sin embargo, en ocasiones se dan ocultamientos de la realidad legítimos. En este sentido Milton, que hace en "Aeropagítica"[23] una gran defensa de la libertad de prensa que, por momentos, se extiende a la libertad de expresión, afirma que hay libros que se podrían censurar por su contenido "*escandaloso, inmoral, difamatorio y herético*" (p. 4); aunque establecer un sistema de censura (él nos lo dice refiriéndose al que tratan de implementar en la Inglaterra de 1644 pero se entiendo que es extensible a cualquiera) "*promoverá en principio el abandono de todo aprendizaje y el detenimiento de la verdad*" (p. 12). Y como un caso más político de ocultación pensemos en los secretos de Estado (que siempre han existido) y que no pretenden generar un bien al político en sí sino a la sociedad, teóricamente, adquiriendo así legitimidad. En cambio, los ocultamientos que hace el

---

[23] Milton, J. (2020). *Aeropagítica*. Universidad Nacional Autónoma de México.

político para obtener un beneficio propio no son legítimos ni buenos para la salud democrática.

En otra línea, Alexandre Koyre en "Reflexiones sobre la mentira", afirma que la época en la que escribe (1943) se caracteriza por una proliferación de la mentira por el aumento de regímenes totalitarios, *"que se caracterizan por "un mépris absolu et total de la vérité" (en español: un absoluto y total desprecio de la verdad)"* (como se citó en Villanueva, 2021, p. 179). Esto no debe interpretarse como una total indiferencia a lo que la gente piense, pues el prerrequisito fundamental del poder es la opinión. Es decir, incluso los totalitarismos de principios del siglo XIX, que se basan en la mentira, construyen una verdad (Arendt, 2018). En consiguiente, defienden una única concepción de verdad que es impuesta sin importar si es cierta, por eso el *"absoluto y total desprecio"*. Se basan en la certeza absoluta, que *"es el estado de la mente que se adhiere firmemente y sin ningún temor a una verdad"* (Llano, 2011, p. 52). Hacen de una opinión (verdad de hecho) una verdad de razón poniendo a sus "filósofos oficiales", policías, propagandistas, etc. en dicha misión (Arendt, 2018). Los primeros se encargan de generar una narrativa intelectual que dote de sentido a lo que se defiende. Los segundos se encargan de frenar a todo aquel que se oponga a la verdad que se pretende imponer. Los terceros se encargan de construir hechos que materialicen lo que afirman los filósofos. Así se crea una mentira organizada de la que participa toda la sociedad, normalmente por miedo (ej: la "solución final" en la Alemania nazi[24]), desencadenando mecanismos de autoengaño. Y si ya decíamos que la verdad factual está muy expuesta a la mentira, nos dice H. Arendt que, en su relación con el poder, y añadimos nosotros que es especialmente así en el caso del totalitario, *"las posibilidades de que sobreviva son de hecho muy reducidas"* (Arendt, 2018, p. 22).

---

[24] Para más información al respecto acudir a Arendt (2018, p. 32)

Cerramos esta consideración sobre verdad y mentira en política con la siguiente frase, cuya contundencia es esclarecedora: el verismo incondicional de Kant fue, según Gabriel Albac, la "*fuente más funesta de las servidumbres modernas: la renuncia a la autodefensa del sujeto individual frente a la omnipotencia, tendencialmente totalitaria, del Estado*" (Kant y Constant, 2021, p. 14).

CAPÍTULO 2.

POSVERDAD

1. Contexto y concepto

La posverdad, en cuanto que dice ser un fenómeno del siglo XXI, se relaciona con las que hemos considerado las corrientes de pensamiento dominantes de nuestro tiempo: la posmodernidad y la globalización. Desde una perspectiva más sectorial adaptada a nuestro ámbito de estudio pueden interpretarse que los fenómenos dominantes, característicos de nuestro tiempo son: "*las fake news y construcción de hechos alternativos, la desintermediación, la antipolítica y la horizontalidad*" (Redondo, 2022). Los tres últimos son fenómenos sociológicos que están muy relacionados con el protagonismo que parecen buscar los ciudadanos en el espacio público, relacionado con lo que se ha dado en llamar la *sociedad líquida*, una conceptualización que desarrolla Zygmunt Bauman en los años 90 sobre la que se asienta la posmodernidad. Es un modo de relación en sociedad en que los vínculos son inconstantes, caprichosos, frágiles, huecos. A saber, en la que se crean y rompen vínculos con una gran facilidad. Esto choca con la idea del poder presente en "El príncipe"[25] de Maquiavelo, donde se establece una correlación entre mantenimiento del poder y legitimidad según la cual todo aquello que sirva al fin es legítimo. La sociedad líquida rehúsa de lo que se mantiene,

---

[25] Maquiavelo, N. (2012). *El príncipe: (Comentado por Napoleón Bonaparte)*. Austral

su opinión es cambiante y, por tanto, debe serlo la del gobernante. Se plantea en consecuencia un modelo de democracia representativa que cada vez se acerca más a la participativa y que nosotros concretamos en los tres fenómenos mencionados.

Hablábamos por otro lado de las *fake news* que, por su relación con la posverdad, nos ocuparán tangencialmente a lo largo de todo el presente capítulo. Con respecto a las corrientes de pensamiento dominantes se encuentra en estrecha relación con la globalización pues el clima desinformativo existente no sería posible sin un espacio mediático global basado en la inmediatez informativa[26]. Aquí se asienta también la posverdad, que no es lo mismo que las *fake news* pero comparte los prerrequisitos que hacen posible su aparición.

Podemos comprender la posverdad según los tres vectores interpretativos que fija Darío Villanueva (2021): el económico y político; el comunicativo; y el psicológico.

El primero lo considera el más relevante. Una de las formas que toma es la de una verdadera "industria de la mentira". Ari Rabin-Havt expone en "Lies Incorporated", publicado en 2016, como los Gobiernos emplean una serie de prácticas y trucos manipuladores y propagandísticos en principio empleados por parte de gigantescas organizaciones de intereses (como se parafraseó en Villanueva, 2021). Así, Christian Salmon considera que existe una "*máquina de fabricar historias y formatear las mentes [...], una verdadera industria de la mentira*" (como se citó en Villanueva, 2021, p. 191). Es decir, es una industria de periodistas y comunicadores que, bajo la protección de gobernadores y empresarios, distorsionan procesos políticos e influyen en la opinión pública; su misión es crear mentiras y que se viralicen en un mundo, el "*world of post-truth*", en el que "*la victoria ideológica, no el progreso, es el último objetivo*" (p. 191). Ejemplo de lo afirmado por Ari Rabin-Havt es el

---

[26] El uso de la palabra información aquí se da como un automatismo pues esta inmediatez es, como veremos más adelante, contra-informativa.

caso de *Tobacco Industry Resarch Committee* (TIRC)[27], que empleaba la negación de la ciencia y la propagación de bulos para negar la relación entre cáncer y tabaco, y la adicción que genera. Algunas de las prácticas empleadas por esta industria han sido empleadas por algunos durante la pandemia del COVID-19 (Villanueva, 2021), dando lugar a lo que se ha venido a denominar "*infodemia*" (Wagner, 2020). Pero la posverdad también se manifiesta dentro de este vector interpretativo económico y político bajo campañas desinformativas, práctica que se da con especial intensidad desde la torre Ostankino, centro de comunicaciones del gobierno ruso de Putín, quien Masha Green considera que "*es presidente de su país y rey de la realidad*" (como se citó en Villanueva, 2021, p. 198). Sobre el caso ruso Peter Pomerantsev hace una extensa reflexión que concluye con la siguiente pregunta retórica, que consideramos muy interesante: "*si la televisión oficial puede mentir tanto y salirse con la suya, ¿no significa esto que tiene verdadero poder, poder para definir lo que es cierto y lo que no lo es?*" (como se citó en Villanueva, 2021, p. 198). Sí. Se está dando una intensificación de denuncias sobre incidencia manipuladora sobre la opinión pública por parte de terceros países (Villanueva, 2021). Es el caso de los comicios presidenciales franceses de 2017 (Bassets, 2017). Pero no siempre se dan sobre elecciones o cuestiones de calado; "*en 2014 el diario británico The Guardian detectó quinientos comentarios hostiles a sus páginas procedentes de troles[28] pro-rusos*" (Villanueva, 2021, p.197). Y estas campañas desinformativas también pueden darse desde un Gobierno hacia sus ciudadanos. Este es el caso de los exmiembros del Gobierno catalán que, además, nos aporta un

---

[27] Fue creado en 1954, por los seis grandes productores norteamericanos de cigarros, para luchar contra la amenaza que representaba la creciente popularidad de Ernst Wynder, quien advertía de los perjuicios del tabaco. (Villanueva, 2021).

[28] "Los troles son individuos de identidad desconocida que publican mensajes provocadores, irrelevantes o fuera de tema, pero siempre mendaces, con el objetivo de provocar escándalo y controversia en el seno de una comunidad en línea" (Villanueva, 2020, p. 205).

nuevo concepto: el de "verdades zombis"[29], que son aquellas que, aun siendo demostradas como falsas, se mantienen en el imaginario colectivo influyendo en el debate político y la opinión pública (Villanueva, 2021). Cabe tener en cuenta que, según diversos autores como Chris Mooney y John Sides (según Villanueva, 2021), no existe relación entre nivel educativo y aceptación de bulos o posverdades. El último de ellos, profesor de políticas de la George Washington University, lo ilustra con el estudio de la aceptación del bulo según el cual Obama era musulmán.

Haremos a continuación un paréntesis para hacer aquella pequeña referencia al orden liberal que adelantábamos en la introducción. Desde la posguerra de la Segunda Guerra Mundial, Estados Unidos buscó garantizar su *"seguridad, prosperidad y prestigio"* (Powell, 2017) haciendo de su política exterior un instrumento teóricamente diseñado para llevar a cabo la "Paz perpetua" de Kant. Se pretendía que la globalización y la democracia fuesen garantía para una larga etapa de estabilidad internacional, de paz. Y así fue. Pasaron años sin guerras, y las que había era porque EE. UU. las permitía y participaba en la mayoría. En el fondo se estaba creando un nuevo tipo de guerra que no hubiese sido posible sin la globalización e Internet[30]: la guerra híbrida. Esta se define por el uso de campañas desinformativas, que a ojos del mundo fueron durante mucho tiempo vistas como armas blandas. La desacreditación del gobierno, o candidato, que trataban de llevar a cabo no parecía generar un gran impacto. Sin embargo, como tratamos de exponer, esto no es así; la posverdad[31] puede provocar el fin de un orden, que ya está en tela de juicio por otros motivos (Powell, 2017 y otros[32]). Cerramos paréntesis.

---

[29] Este fenómeno puede ser explicado mediante el refrán español "quien golpea primero golpea dos veces" pues la posverdad permanece incluso después de que se demuestre falso lo dicho.

[30] El hijo digital de la globalización

[31] Aquí se podría usar también "desinformación" como veremos más adelante

[32] Sanahuja, J. A. (junio de 2019). Crisis de la globalización, el regionalismo y el orden liberal: el ascenso mundial del nacionalismo y la extrema derecha. *Universidad Uruguaya de Ciencia Política;* Ikwnberry, J. G. y Milsbank, A. G. (Julio de 2018). La crisis

Hasta ahora hemos abordado los intereses políticos detrás de la posverdad e ilustrado como, en el caso de la industria de la mentira, están muy relacionados con lo económico. Cabe tener en cuenta que la mentira es un negocio más lucrativo que la verdad. Baste considerar el estudio que hace el MIT (*Massachusetts Institute of Technology* [MIT], 2018) sobre como la difusión de noticias falsas es mayor que la de las verdaderas en Twitter. Su conclusión es que las noticias falsas tienen un 70% más de probabilidades de ser difundidas y tener mayor impacto que las reales porque son novedosas y sorprendentes.

El segundo vector que es el relacionado con la comunicación (Villanueva, 2021). En las últimas décadas se ha dado una decadencia de los medios de comunicación tradicionales (prensa, radio y televisión), en números y credibilidad; esto se debe a la irrupción de nuevos medios que tienen una mayor capacidad de influencia. El origen de esta decadencia puede establecerse antes de Internet, como hace McIntyre, al hablar del *yellow journalism*, que empieza alrededor de 1890 y se caracteriza por la primacía de la difusión sobre la veracidad de los hechos. Pero hasta 1990[33] se da una televisión que, en mayor o menor grado, se quiere cultural[34] después empiezan a explorarse y halagarse los gustos populares con el fin de captar índices de audiencia más amplios[35] (Villanueva, 2020). Hasta entonces el periodismo asumía como propia *"la función de preservar y cuidar de los valores constitucionales [...] denominada responsabilidad social de los medios"* (Redondo, 2022). Este

---

del orden liberal mundial. *Barcelona centre for International affairs*; y Malcomson, S. (26 de abril de 2021). Why Globalization Biggest Winners Are Now on a Mission for Self-Sufficiency. *Foreign Affairs*.

[33] "En Gran Bretaña, ya entre 1936 y 1939, la BBC emitió más de trecientes comedias y dramas" (Villanueva, 2021, p. 199)

[34] "Se voulait culturelle" nos dice Pierre Boudieu (Villanueva, 2021, p. 199)

[35] En 1971, empieza la llamada "TV-verdad" que es ya una búsqueda de una audiencia masiva mediante una filmación ininterrumpida cuyo primer ejercicio se da con la vida privada de la familia Loud pero que conocemos, más bien, con el ejemplo de Gran Hermano (Villanueva, 2021, p. 200)

cambio no implica que los medios antes fuesen neutrales pues nunca lo han sido, ni deben serlo; pero hasta *"el primer tercio del siglo XX [...] había un modo de informar -según códigos profesionales no escritos- dentro de los límites del sistema y otro alternativo, extramuros del sistema, que lo erosionaba y debilitaba"* (Redondo, 2022). Este paso que dan los medios en la década de los 90 se acerca al segundo modo de informar; y en él toma especial sentido la expresión "hacer noticia" que se convierte en el objetivo claro del periódico como señala Carlo de Benedditti, fundador del diario italiano *Domani*: *"no son las noticias las que hacen el periódico, sino el periódico el que hace las noticias"* (como se citó en Villanueva, 2021, p. 192). Bajo el objetivo mediático de incluir a la audiencia se encuentra, falazmente, un fin político: *"la elevación del mito de la participación"*. Esto es la deriva horizontal que se ve en política y que plantea el principio representativo de nuestras democracias como pura elección, olvidándose del criterio selectivo. Cuando, como dice Sartori, no hay democracias sin élites (Redondo, 2019). Es decir, el componente vertical es aquello que sostiene a la democracia. Esta horizontalidad se manifiesta también en un fenómeno que tomó relevancia hace unos años, el llamado *periodismo ciudadano*. Este afirmaba que si los ciudadanos son quienes transmiten la información esta sería más fiable (Redondo, 2022) pues dejaría de estar bajo la influencia de la "casta". La combinación de esta horizontalidad con la renuncia al conocimiento, a la verdad, supone el *"regreso al hombre masa y el debilitamiento del espacio público"*; es decir, *"el cóctel perfecto para deteriorar la salud de las democracias"* (Redondo, 2018)

Esta exploración de los gustos culturales se vuelve incontrolable con las nuevas tecnologías. Internet es el vector definitivo de la posverdad según Mathew d'Ancona (Villanueva, 2021, p. 198). *"El periodismo es orden"* (Arcadi Espada como se citó en Redondo, 2018) pero bajo la búsqueda de "información equilibrada" (o *balanced reporting*), basada en los principios de la objetividad y la neutralidad (que decíamos que no deben pretender), se empieza a dar una confusión entre lo verdadero y lo falso (ej.: se da el hecho y la opinión en el mismo espacio borrando la frontera entre hecho y opinión) (Villanueva, 2021). Cuando se inclu-ye Internet en la ecuación, estos principios son abandonados siendo los nuevos medios indiferentes tanto a la veracidad y a la honestidad deon-tológica como a la objetividad y neutralidad pues la puesta en circula-ción de contenidos se da ahí de forma autónoma (Villanueva, 2021). En este proceso, anterior a la posverdad, el periodismo empieza, por ejemplo, a plantear secciones con los sitios y enlaces más visitados de tal manera que la audiencia *"genera y ordena contenidos"* (Redondo, 2018.); abandonado el orden con el que lo caracteriza Arcadi Espada. Se cons-truye así la "antesala" de la posverdad que se desarrolla a la par que se incrementa el acceso a Internet. En Twitter y Facebook, por ejemplo, se generan unas "cámaras de resonancia" (término de Sunstein) donde las creencias que uno tiene se ven retroalimentadas, llevando a la radi-calización del grupo. Son compartimentos estancos en los que entra in-formación seleccionada, rumores y denuncias falsas (Redondo, 2019); *"bucles cognitivos autorreferenciales"* (26.) que dan lugar a una sociedad más *"polariza e ideologizada"* (Sanahuja, 2019) que la industria de la mentira sabe aprovechar (ej.: caso de *Cambridge Analytica*) dando lugar a *"una esfera posfactual"* (Sanahuja, 2019) que no parece estar en re-traimiento sino todo lo contrario[36]. Esta cuestión es de enorme calado, pues la sociedad ya no se informa en los periódicos o telenoticias sino en las redes[37] que, además, establecen la instantaneidad como ritmo normal de la información y cualifican el rumor y las noticias no veri-ficadas como un valor lógico de la misma. Es decir, *"el flujo constante de información aleja al Periodismo del rigor informativo y la verificación"*

---

[36] Cada vez sabemos más de minería de datos e Inteligencia Artificial y nadie parece impedir que esto se use para segmentar la sociedad mediante la construcción de reali-dades adaptadas a nuestros gustos por el *machine learning*.

[37] En el EEUU de los años 50 se vendían 54 millones de periódicos diarios, en 2010 se vendían 10 millones. Así, mientras que el 72% de los norteamericanos confiaban en los medios, ahora solo lo hace el 32%. Y este vacío lo llena Internet, donde se infor-ma el 62% de los ciudadanos, de entre los cuales un 71% en Facebook. (Villanueva, 2021, 196)

(González, 2019). Esta fragmentación de la información diluye lo que tradicionalmente se ha venido a llamar "opinión pública" y, por tanto, la agenda pública (Redondo, 2022).

Se da por tanto un cambio en la consideración de lo que es información y lo que no; *"antes teníamos identificadas cada una de las dos categorías; el tabloide y los medios serios (de élite); la tele y la radio; el serial y la información. Hoy regenta el pueblo, impera la ocurrencia."* (Redondo, 2018).

En definitiva, *"la audiencia sustituye a la sociedad. La representación de lo político [...] puede alejarse tanto de la realidad, segmentarla y distorsionarla, como la audiencia consienta para su solaz, gozo y entretenimiento"* (Redondo, 2019). Es decir, se genera una construcción de una *metarrealidad*[38] en la que la política se ve desplazada por lo político. Donde el primer término hace referencia a la cosa pública, a la gestión[39] (Irure Rocher, 2022); y el segundo es todo aquello que es construido, performativo, que trasciende los mecanismos institucionales; es decir, la construcción narrativa que, cargada de emotivismo[40], le proporciona un sentido a la política. Como consecuencia de este desplazamiento de la política, que solía basarse en hechos generando una construcción narrativa, a lo político, la primera se vuelve *posfactual*, una construcción, dando lugar a lo que denominábamos, al referirnos a la falta de para qués en la política de hoy, *antipolítica* (Redondo, 2019). Una antipolítica que, por si no fuese poca la decadencia de los medios de comunicación por su falta de capacidad de adaptación a la *"Galaxia Internet"* (Villanueva, 2021, p. 19), considera que estos están para proteger a los poderosos, dando lugar a una decadencia en picado cuando este mensaje caló (Redondo, 2018). Así *antipolítica* y *antiinformación* tienen un

---

[38] Puede usarse también *hiperrealidad* (Redondo, 2019)

[39] Este uso de la palabra "política" sería traducido al inglés como *polity*: *"las actividades humanas que tienen que ver con el gobierno, con las diferentes formas de gobierno y con el concepto de Estado"*. (EL PAÍS: https://elpais.com/diario/2002/05/09/cvalenciana/1020971881_850215.html).

[40] Volveremos a hablar de este término más adelante.

objetivo común: "*la desintermediación, la pérdida de vínculos, una suerte de estado de naturaleza donde rige la superstición y el grito*" (Redondo, 2018)

La imposición de lo político sobre la política está muy relacionada con el emotivismo. Esto es "*la doctrina según la cual los juicios de valor, y más específicamente los juicios morales, no son nada más que expresiones de preferencias, expresiones de actitudes o sentimiento, en la medida en que éstos posean un carácter moral o valorativo*"[41] (McIntyre, 2020, p.26).

El último vector que define Darío Villanueva (2021) es la psicología social de la posverdad, manifestada en: el "*sesgo de información*" y los "*marcos mentales*". Debemos tener en cuenta un fenómeno previo, que Timothy R. Levine denomina TDT (*Truth-Default-Theory*), relacionado con los principios de cooperación y sinceridad, y referido a la tendencia que tenemos, al comunicarnos con alguien, a valorar todo lo que nos dice como cierto y, más aún, rechazamos pensar una conducta opuesta (Villanueva, 2021). Hablemos, ahora sí, de los sesgos de información que es la renuncia al "*razonamiento inductivo a favor de una tendencia cognitiva*" (p. 206). Estos se engloban como "*cognitive biases*"[42], es decir, prejuicios o predisposiciones que ejercen una gran influencia sobre nuestro razonamiento y que pueden ser manipuladas por otros. Distinguimos la "*source amnesia*" que es "*incapacidad para recordar dónde, cuándo y cómo adquirimos la información*" (p. 206); el "*backfire effect*"[43], que se expresa en la expresión "*stonella y enmendalla*"[44], que refleja la actitud de quien persiste en errores, incluso a sabiendas, por mantener una determinada imagen social; y el *Dunning-Kruger effect*[45], que es "*un sesgo cognitivo por el cual los demasiado estúpidos no solo no son capaces de reconocer que lo son, sino que se crecen*" (p. 207). Muy relacionado con los sesgos de información está lo que Colbert (cómico) denomina

---

[41] Tras la virtud. Pag 26.
[42] En español: "sesgos cognitivos".
[43] En español: "efecto contraproducente"
[44] En español (la frase original está en español antiguo): "sostenerla y no enmendarla"
[45] En español: "efecto Dunning-Kruger"

truthiness; palabra que designa "*lo que tú quieres que sean los hechos, a diferencia de lo que los hechos son [...]. Porque, damas y caballeros, ¡de aquí viene la verdad! ¡De las tripas!*" (p. 208). Y, aunque no compartimos esa idea de verdad interior o personal, sí que consideramos que acierta en la diferenciación entre nuestra interpretación de los hechos, que es lo que queremos que sean, y los hechos en si. O lo que es lo mismo, el reconocimiento de unos sesgos de información que indican la dificultad para conocer la verdad no nos dice nada sobre la verdad en si misma.

En esta psicología social que nos permite acercarnos al porqué de la posverdad encontramos, por otro lado, los marcos mentales (en inglés, el *framing*, término de George Lakoff). Estos dan coherencia a aquello que captan nuestros sentidos. Seleccionan, entre la información recibida, aquella que encaja con nuestra ideología, sexo, cultura, carácter, etc.; "*y la que no, por extemporánea, incómoda, desequilibrante o subversiva*" (p. 210). Es decir, el individuo busca "*que el contenido sea verosímil, no verídico; y es verosímil si se ajusta a sus prejuicios*" (Redondo en prensa). En resumen, como nos decía Hannah Arendt (2018) es más fácil creer una mentira porque, al crearla, se establece un contexto que la verdad no tiene. Bajo el conocimiento de dicho fenómeno y la ayuda de expertos, los partidos, y otros, buscan conectar con los marcos y los sesgos de los votantes. Su éxito depende de la interpretación y conexión que consiga crear entre su programa y aquellas pulsiones latentes. En definitiva, tanto los sesgos de información como los marcos mentales describen el porqué de "*nuestra ilimitada capacidad de admitir como creíbles tantas posverdades*" (Villanueva, 2021, p. 210).

Si hablábamos del emotivismo antes de adentrarnos en la psicología social es porque estos sesgos de información y marcos mentales, al igual que la política, solían basarse en los hechos; sin embargo, el emotivismo es un fenómeno que todo lo arrastra afectando a ambos procesos psicológicos de conocimiento. Esto da lugar a lo que Mathew d'Acona denomina "*cultura de la posverdad*", pues le es propio, esencial, "*el triunfo de lo visceral sobre lo racional*" (Villanueva, 2021, p. 166). Y cuando este desplazamiento del conocimiento cala en las democracias se puede hablar de "*democracia*", término de Bertrand Russel para referirse al "*desbordamiento emocional de la Alemania nazi*" (Villanueva, 2021, p. 167).

En definitiva, la posverdad no es un fenómeno autónomo. Tiene una serie de causas fundamentales como las que recoge Darío Villanueva (2021) pero existen muchas otras como, por ejemplo, la crisis económica o la "*crisis of trust*"[46] (McNair); esto es una sistemática desconfianza en los políticos y los medios (p. 178). Roberto Foa y Yascha Mounk estudiaron qué causaba "*desconsolidación democrática*" y concluyen que está altamente relacionada con la pérdida de confianza en las instituciones, entre las cuales se encuentra la prensa (Redondo, 2022). Los medios deben "*servir de contrapeso y equilibrar el ejercicio del poder, tal y como lo exige la teoría clásica de la democracia*" (Marthoz, s.f.).

---

[46] En español: "crisis de confianza".

2. ¿Ideas o nombres nuevos? Posverdad, *fake news,* desinformación y propaganda

Por otro lado, parece que estos tres vectores interpretativos pueden ser aplicados tanto a la posverdad como a otros fenómenos de nuestra época: las *fake news,* los *hechos alternativos,* la desinformación y la propaganda. Todos ellos se nutren de los bulos, que no son un fenómeno nuevo dentro del periodismo. Los reyes y las gacetas del siglo XVIII ya los utilizaban (junto con los libelos) como herramienta de poder, por ejemplo (González, 2019.). Pero la forma más característica de mentira en política puede ser considerada la propaganda, que tomó mucha fuerza con los totalitarismos del siglo XX.

Ejemplo paradigmático son los 11 principios que estableció Joseph Paul Goebbels, ministro de propaganda del Reich (Sadurní, 2021), que suponen un manual para dicha práctica. "*1. Principio de simplificación y del enemigo único [...]. 2. Principio del método del contagio [...]. 3. Principio de la transposición [...]. 4. Principio de la exageración y desfiguración [...]. 5. Principio de la vulgarización [...]. 6. Principio de orquestación [...]. 7. Principio de renovación [...]. 8. Principio de la verosimilitud [...]. 9. Principio de la silenciación [...]. 10. Principio de la transfusión [...]. 11. Principio de la unanimidad.*" (Uribe, 2008). Consideramos que algunos de ellos se adaptan a la posverdad. El segundo se relaciona con el *big-data* o análisis de datos y el *machine learning* que genera agrupaciones sociales (*online,* ni tangibles ni conocidas por el consumidor) según similitudes en los comportamientos en las redes ofreciendo anuncios, noticias.... individualizadas, pero repetidas en todo el grupo ("*los adversarios han de constituirse en una suma individualizada aunque no sean iguales*"). Se crean tipos de audiencia, estratos, a los que dan la misma información. El cuarto se da en la posverdad con toda su magnitud bajo el emotivismo, que es fundamental también en el nazismo ("*convertir cualquier anécdota, por pequeña que sea, en amenaza grave*"). Al igual que el quinto (Goebbels: "*toda propaganda debe ser popular, adaptando su nivel al menos inteligente de los individuos a los que va dirigida*") en cuanto que el desplazamiento a lo político no necesita ni de razones ni de inteligencia para calar en determinado grupo social. El séptimo está relacionado tanto con la posverdad como con las llamadas verdades zombis: *"emitir constantemente informaciones y argumentos nuevos a un ritmo tal que cuando el adversario responda* -en nuestro estudio los fact-checkers, por ejemplo-, *el público esté interesado ya en otra cosa"*. Por otro lado, tanto el periodismo ciudadano como el *balanced reporting* se relacionan con el octavo principio: *"construir argumentos a partir de fuentes diversas"*. El noveno nos remite de nuevo a la tecnología pues los bucles cognitivos autorreferenciales o las cámaras de resonancia, se encargan de *"acallar las cuestiones sobre las que no se tienen argumentos y disimular las noticias que favorecen al adversario"*; al igual que el undécimo que consiste en *"llegar a convencer a mucha gente de que se piensa 'como todo el mundo', creando falsa impresión de unanimidad"* y se expresa en nuestro tiempo con los mismos medios que el noveno. Y el décimo hace referencia directamente, aunque sin mencionarlo claro está, al tercer vector interpretativo de la posverdad, la psicología social, y especialmente a los *cognitive biases* de los que ya hemos hablado: *"la propaganda opera siempre a partir de un sustrato preexistente, ya sea una mitología nacional, sistema de creencias, o un complejo de odios y prejuicios."* Ocho de los once principios de la propaganda de Goebbels son aplicados, de forma clara, en la posverdad. Podría argumentarse que las similitudes no se dan tanto en lo que es la esencia de la posverdad, sino con respecto a su *modus operandi* sobre todo por su especial desarrollo en las redes. La relación es clara.

Con respecto a las *fake news*, la aparición del término suele atribuirse al senador australiano Nick Xenophon en su queja respecto a un artículo titulado por "The Australian": *"Its fake. This is a fake headline"*[47] (Villanueva, 2021, p. 178). McNair lo define como *"desinformación intencionada, invención o falsificación de hechos conocidos presentados como noticias verdaderas con propósitos políticos y/o comerciales"* (p. 177). En

---

[47] En español: "Esto es falso. Es un titular falso."

esta definición vemos muchos elementos comunes entre *fake news* y posverdad como el que sea una "*desinformación deliberada*" o el fin que persigue; sin embargo, decíamos que para la posverdad es fundamental el emotivismo. Si bien es cierto que la noticia falsa se orienta a la falsación del hecho siendo posfactual; lo cual nos indica ya un determinado clima cultural que no tiene un especial arraigamiento a la verdad por un desplazamiento que, suponemos, llena lo emotivo. Es decir, las *fakenews*, que en español se ha venido a traducir como *bulo*, tienen una relación (indirecta) con el emotivismo, que no es comparable con la que tiene la posverdad. Esta última apunta directamente a lo emotivo, a lo político, como plasma Darío Villanueva cuando se refiere al momento en el que se quiso incorporar el término a la RAE: "*se partió de la idea de toda información o aseveración que no se basa en hechos objetivos, sino que apela a las emociones, creencias o deseos del público; como una distorsión deliberada de una realidad, que manipula creencias y emociones con el fin de influir en la opinión pública y en actitudes sociales*" (Villanueva, 2021, p. 186). En definitiva, mientras que una se dirige a la manipulación del hecho, la otra se dirige a la emoción que nos genera el hecho; una para la política y otra para lo político. O como dice Juan Jacinto Muñoz Rengel en "Historia de la mentira", la posverdad es poco original, como mucho puede ser considerada una *metamentira*, "*pues miente sobre la condición novedosa de la mentira actual*" (como se citó en Villanueva, 2021, p. 187); apuntando así también a la diferencia que mencionábamos pues lo novedoso es Internet, pero tanto para la posverdad como para las *fake news*; lo específico de ambas es ese desplazamiento.

La desinformación es "*el efecto que genera [...] el empleo de la mentira en política y de la ausencia de consecuencias que acarrea a los efectos de la rendición de cuentas*" (Redondo, 2022). Es el clima de contenidos falsos que se da a partir del empleo de las *fake news*; y que se caracteriza por la "cultura de la posverdad" (Mathew d'Acona en Villanueva, 2021, p. 166). La posverdad se nos presenta, en su comparación con la desinformación, en relación con el triunfo de lo emotivo, como "*nuevo ecosistema comunicativo*" (Redondo, 2022). Es decir, mientras que la desinformación es el clima que se genera en la sociedad, la posverdad puede ser interpretada como el clima generado en los medios de comunicación.

En resumen, aunque afirmamos distinguir los conceptos (desinformación, propaganda, *fake news* y posverdad), encontramos muchas cosas en común, hasta el punto de resultar difícil no contradecirse. Esto se debe, en parte y tal vez, a que en español posverdad, *fake news*, etc. sean sustantivos; mientras que, en inglés, por ejemplo, son adjetivos, lo cual hace que se puedan diferenciar más fácilmente. Y además de una categoría gramatical todos estos fenómenos comparten aquello que generan: "*un ciudadano desinformado o adoctrinado que no es selectivo ni crítico, sus mecanismos de control están atrofiados*" (Redondo, 2022). Pero esto ya nos lo decía Ortega, o Hannah Arendt, o Constant; es decir, lo llevamos afirmando a lo largo de toda esta exposición. En consecuencia, la posverdad, al igual que las *fake news* y demás conceptos, no se nos presenta como un fenómeno nuevo. Parece que podemos definirla, por tanto, como lo hace Julio Llamazares: "*la posverdad no es una forma de verdad, es la mentira de toda la vida*" (Llamazares, 2017). Siguiendo con esta línea cabe tomar en cuenta también a Amelia Valcárcel, quien dice: "*el término posverdad lo dice todo: verdad más o menos, verdad emotiva; nunca se aceptará que una posverdad es una mentira pura y simple*" (como se citó en Villanueva, 2021, p. 187).

Podemos encontrar en la raíz de la falsa distinción entre mentira y posverdad el que entendemos que es uno de los principales problemas de la posverdad: su solución. Actualmente, se suele considerar que la mejor arma de la que disponemos lo constituyen los "*fact-checkers*". Esto son sitios web, o programas de televisión, en los que, mediante fuentes teóricamente fiables (suelen utilizar datos públicos), se establece si un contenido dado es cierto o falso. Así, consideran que el caso más paradigmático en lo que a posverdad se refiere es Trump, "*los rastreadores de mentiras políticas han llegado a atribuirle más de diez mil*" (Villanueva, 2021, p. 19) en su paso por la casa Blanca. Sin embargo, estos *fact-checkers* no están libres de los problemas de su tiempo. Para empezar, son selectivos, escogen minuciosamente aquello que pretenden verificar. Por otro lado, su método es incompleto pues *"elevan el dato -aisladamente considerado- a categoría de verdad incontestable"* (Redondo, 2019); lo cuál, recordemos a Hannah Arendt (2018), es incorrecto, hace falta una interpretación. En definitiva, pueden padecer los mismos males que denuncian pues emplean los mismos medios que la posverdad; y *"la propaganda se combate con razones a una altura o esfera diferenciada, no en el mismo plano"* (Redondo, 2019). Aunque reconozcamos la incapacidad de los *fact-chekers* no podemos, ni debemos, limitarnos a ello, debe proponerse una solución. Encontramos dos soluciones muy válidas según dónde se plantee el problema, que no luchan contra el dato falso como tal, sino que pretenden generar un cambio social. Decíamos en la introducción y primer capítulo que la posverdad está muy relacionada con la deconstrucción de los valores que plantea Nietzsche. Es decir, que es el resultado de un problema moral: su ausencia. En este sentido se puede proponer que la solución está en la literatura (López-Peláez, 2021). Esta, según Nie Zhenzhao, crítico literario contemporáneo, nos ayuda a construir una suerte de *"ilustración moral"* (como se citó en López-Peláez, 2021) y tomar mejores decisiones; nos sirve de guía. Se propone, por tanto, un cambio en cada uno de los individuos que requiere de un ejercicio de concienciación y promoción del valor de la literatura en el que tendrían que participar figuras como profesores expertos.

Por otro lado, en el presente capítulo vinculábamos, a partir de lo dicho por Darío Villanueva (2021) y otros, el auge de la posverdad con Internet y la decadencia de los medios por lo que debemos buscar una solución en el origen del problema, en los medios. Esto consiste en construir un periodismo que sea impulsor de la educación cívica. Lo cual no contempla explicar el funcionamiento de las instituciones, sino explicar su por qué; su relación con la libertad y su limitación a la barbarie. *"El periodismo militante y de trinchera concibe la educación cívica como aquella orientada a o basada en llevar razón. Sostenemos lo contrario: educación para el intercambio de ideas con el fin de reforzar la convivencia"* (Redondo, 2022). Para ello se debe ser consciente de que los medios no ofrecen la respuesta sino el medio para encontrarla, que es y debe ser responsabilidad propia. Las columnas son una valoración que se categoriza o reconoce como tal en la propia estructura del periódico. En cambio, en red, se pierde ese orden, vemos los artículos según nuestras preferencias y no respetamos el formato: primero los hechos y luego la valoración. Es necesario un periodismo que se acerque al sentido clásico de lo "liberal", que exprese las discrepancias y la complejidad, incluso el punto de vista contrario (Redondo, 2022).

CONCLUSIÓN

Al estudiar cómo se puede establecer una verdad objetiva y como esta se divide según atienda a hechos o a razonamientos, dábamos una definición de mentira ligada a la intención. Esto nos permitía hablar de la legitimidad y la moralidad de la mentira. Vimos que la veridicción tiene límites, exactamente en los derechos del otro; y que la mentira no es un arma nueva para el político y, de hecho, le puede ser muy útil. Si bien es cierto que el político debe limitarse en su uso, pues si la sociedad se enterase acabaría perdiendo su posición de poder. Pero esta aportación que realiza Maquiavelo no nos parece la más preocupante. A partir de la diferencia que planteábamos entre democracia y autoritarismo, descubríamos nuevas consecuencias. Ambos regímenes comparten un prerrequisito fundamental: que el poder no descansa en la verdad, sino en la opinión. Sin embargo, mientras que la democracia se constituye alrededor del debate en torno a opiniones, el autoritarismo se basa en la aceptación forzosa de una opinión como certeza. Veíamos así como la mentira en política se manifestó con todo su esplendor durante el nazismo. Esto da lugar a un retraimiento de la capacidad de pensar que para el autoritarismo no es importante, pero para la democracia sí debería ser considerado como un factor de riesgo. Toda democracia se basa en el debate entre ideas que en muchos casos son opuestas, pero en cuanto que respetan los hechos, se permiten. Así, la construcción de opiniones necesita de información verídica, que no verosímil. Esto entra en total contradicción con la inmediatez que plantea Internet; los medios de comunicación tradicionales se quisieron adaptar a un ritmo que no les correspondía, pues la instantaneidad impide que los contenidos se ordenen y se comprueben. Además, surgen nuevas formas de comunicación, especialmente a partir de las redes sociales, que, junto a los problemas de la instantaneidad, incorporan una deficiencia de deontología que conduce a una proliferación de bulos que pueden tomar muchas formas. Distinguíamos así entre posverdad, *fake news*, propaganda, y desinformación. El último de estos fenómenos, que se refiere al clima social, es producto de los tres primeros. Entre los cuales podemos establecer diferencias, pero consideramos que en el fondo apuntan a lo mismo: la mentira para fines políticos. Así, los medios de comunicación han sucumbido a los intereses particulares de los políticos. Pero no solo esto, sino que, además, bajo el mito de la participación, se da un periodismo ciudadano que no transmite información sino contenidos, pues nada nos dice sobre la realidad. Entendemos por tanto que se dan dos fenómenos muy preocupantes: desinformación y desintermediación. El segundo de ellos está en especial relación con las democracias representativas. En ellas las élites tienen un valor muy relevante que la sociedad, aunque no puede, quiere llenar. En este sentido la democracia participativa se nos presenta como una peor alternativa a la representativa. Resulta evidente que todo esto es el resultado de una serie de fenómenos que convergen en nuestro tiempo. Sin embargo, tanto desinformación como desintermediación nos devuelven a lo que Ortega denominaba hombre masa. Fue en este tipo de hombre en el que caló el emotivismo de los autoritarismos. Por lo tanto, si ya estamos en una sociedad emotivista, qué nos depara rodeados de tal clima. Consideramos que esta es una situación muy preocupante, que solo se puede remediar mediante una revalorización de la verdad que nos devolvería a concepciones que la posmodernidad dice haber superado. Sin un concepto objetivo de verdad extendido en la sociedad no se puede tratar de establecer una mayor calidad informativa. Solo el individuo con un acompañamiento educativo de la sociedad puede poner remedio a esta situación; frente al hombre masa que trata de informarse solo, en Internet. Mencionamos aquí, por otro lado, una cuestión de enorme calado pero que se sale de nuestro ámbito de estudio y que dejamos para futuras investigaciones.

El populismo está a la orden del día, no nos cabe duda. Esto es una forma discursiva que se camufla de democrática para establecer una lógica amigo-enemigo en la sociedad dando lugar a autoritarismos. Es decir, es el paso que separa democracia y autoritarismo. Teniendo en cuenta que nos encontramos en una sociedad con altos niveles de desinformación y desintermediación, consideramos que el populismo supone un gran peligro para la democracia.

En conclusión, podemos resumir lo aprendido a lo largo de este trabajo en el siguiente axioma: la democracia no puede resistir a la posverdad.

BIBLIOGRAFÍA

Agejas Esteban, J. A. (2004). *La crisis de la modernidad*. Universidad Francisco de Vitoria. http://ddfv.ufv.es/handle/10641/792.

Arendt, H. (2018). *Verdad y mentira en la política*. Página Indómita.

Baggini, J. (2018). *Breve historia de la verdad*. Ático de los libros.

Bassets, M. (26 de abril de 2017). Rusia planea sobre el duelo entre Macron y Lepen. *El País*. https://elpais.com/internacional/2017/04/25/actualidad/1493134783_069673.html.

Biblia de Jerusalén (1999). Desclée de Brouwer.

Fanjul, E. (17 de diciembre de 2021). Las cadenas globales de valor en la nueva globalización. *Real Instituto Elcano*. https://www.realinstitutoelcano.org/las-cadenas-globales-de-valor-en-la-nueva-globalizacion/.

Fernández-Savater, A. (7 de mayo de 2022). La política como complot. *Ctxt: Contexto y acción*. https://ctxt.es/es/20220501/Firmas/39622/filosofia-Amador-Fernandez-Savater-complot-conspiracion-espionaje.html.

Fernández Peychaux, M. I. (2022). *Guía de estudio aportada por la profesora para la asignatura "Geoeconomía, sociedad y globalización".* Universidad Francisco de Vitoria.

González, M. A. (2019). Fake News: desinformación en la era de la sociedad de la información. *Revista Internacional de Comunicación (45). Universidad de Sevilla.* 29-52.

Ikwnberry, J. G. y Milsbank, A. G. (Julio de 2018). La crisis del orden liberal mundial. *Barcelona Centre for International affairs.* [Archivo PDF].

Irure Rocher, T. L. (9 de mayo de 2022). Polity, Politics y Policy. *El País.* https://elpais.com/diario/2002/05/09/cvalenciana/1020971881_850215.html.

Kant, I. y Constant, B. (2021). *¿Hay derecho a mentir? La polémica Immanuel Kant-Benjamin Constant sobre la existencia de un deber incondicional de decir la verdad.* Tecnos.

Llamazares, J. (21 de abril de 2017). La posmentira. *El país.* https://elpais.com/elpais/2017/04/21/opinion/1492794405_409312.html.

Llano, A. (2011). *Gnoseología.* Ediciones Universidad de Navarra S.A. (EUNSA).

López-Peláez, J. (22 de febrero de 2021). Como la literatura nos ayuda frente a la posverdad. *Ethic.*

McIntyre, A. (2020). *Tras la virtud.* Austral.

Malcomson, S. (26 de abril de 2021). Why Globalization Biggest Winners Are Now on a Mission for Self-Sufficiency. *Foreign Affairs*. [Archivo PDF].

Maquiavelo, N. (2012). *El príncipe: (Comentado por Napoleón Bonaparte)*. Austral.

Marthoz, J. P. (s.f.). *El bumerán de la desinformación, la reacción a la globalización*.

Massachusetts Institute of Technology (2018). *On Twitter, false news travels faster than true stories: Research project finds humans, not bots, are primarily responsible for spread of misleading information.* MIT News office. https://news.mit.edu/2018/study-twitter-false-news-travels-faster-true-stories-0308.

Milton, J. (2020). *Aeropagítica*. Universidad Nacional Autónoma de México.

Powell, C. (29 de junio de 2017). ¿Tiene futuro el orden liberal internacional? *Real Instituto Elcano*. https://www.realinstitutoelcano.org/analisis/tiene-futuro-el-orden-liberal-internacional/.

Real Academia Española. (2021). *Versión online del Diccionario de la lengua española* (versión electrónica 23.5).

Redondo, J. (20 de junio de 2018). El irrespirable dominio de las 'fake news'. *El espectador incorrecto*.

Redondo, J. (julio/septiembre de 2019). Espectáculo de sobras: la construcción mediática de la metarrealidad política. *Fundación FAES*. 21-30.

Redondo, J (2022). En prensa.

Sadurní, J. M. (18 de agosto de 2021). Goebbels, el temido ministro de propaganda de Hitler. *Historia. National Geographic.*

Sanahuja, J. A. (junio de 2019). Crisis de la globalización, el regionalismo y el orden liberal: el ascenso mundial del nacionalismo y la extrema derecha. *Universidad Uruguaya de Ciencia Política.* [Archivo PDF].

Sandel, M. J. (2020). *Justicia ¿Hacemos lo que debemos?* Penguin Random House Grupo Editorial.

Sánchez-Palencia Martí (2019). *Apuntes aportados por el profesor para la asignatura de "Antropología".* Universidad Francisco de Vitoria.

Uribe, J. F. (1 de abril de 2008). *De cómo los principios de propaganda de Goebbels infiltran la vida cotidiana.* [Archivo PDF]

Villanueva, D. (2021). *Morderse la lengua: Corrección política y posverdad.* Espasa.

Wagner, A. (17 de agosto de 2020). Coronabulos, conspiranoia e infodemia: claves para sobrevivir a la posverdad. *Ethic.* https://ethic.es/2020/08/coronabulos-conspiranoia-e-infodemia-claves-para-sobrevivir-a-la-posverdad/.

Published
in February
2024

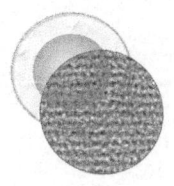

Faber & Sapiens